Pour Céline Sorin, infiniment

L'auteur a bénéficié, pour la réalisation de cet ouvrage,
du soutien du Centre national du livre.

Loi 49956 du 16 juillet 1949,
sur les publications destinées à la jeunesse.
Dépôt légal : décembre 2009
ISBN 978-2-211-08546-5

Mise en pages : *Architexte*, Bruxelles
Photogravure : *Media Process*, Bruxelles
Imprimé en Italie par *Grafiche AZ*, Vérone

Kitty Crowther

Annie du lac

Pastel
l'école des loisirs

C'est l'histoire d'Annie et d'autres choses encore que je vous raconterai après.
La voici, assise sur une chaise. Pas très jolie, ni trop vilaine. Elle a un grand nez et de grands pieds. Si on pend une ficelle au bout de son nez, elle arrive à la pointe de ses orteils très exactement.
Annie se sent mal. Et presque tous les jours, c'est comme ça. Il y a quelque chose de noir qui la remplit de l'intérieur.
Elle est seule, depuis que sa mère est morte. Personne ne lui rend visite. Sauf le facteur, une fois l'an, pour lui vendre un calendrier qu'elle n'achète jamais car les images de petits chats heureux ne lui plaisent pas !
Elle regrette la présence de sa mère. Même si celle-ci lui disait des choses pas très gentilles : «Viens ici, que j'accroche mon manteau à ton nez !» De temps en temps, pourtant, il lui arrivait de dire avec beaucoup d'amour : «Tu as les yeux aussi beaux et aussi profonds que le lac aux trois îles.»

Le lac est celui qui se trouve juste en bas de la colline. Par beau temps, on aperçoit l'autre rive. Annie aime imaginer que quelqu'un comme elle se trouve de l'autre côté du lac.
De temps en temps, elle se dit qu'elle devrait en faire le tour. Pour voir. Ou le traverser en barque. Seulement, s'il n'y a personne qui lui ressemble, quelle déception cela ferait dans son cœur.
Alors, elle préfère imaginer, juste imaginer. Et ne pas vérifier.
Sa tristesse l'empêche de faire beaucoup de choses.
Elle est fatiguée d'elle, des poissons qu'elle pêche, de sa chaise près de la fenêtre, du facteur qui ne vient qu'une fois l'an.
Au milieu de la nuit, elle se réveille en sursaut et se demande pourquoi c'est ainsi.

Chaque matin, après le petit-déjeuner, Annie scrute l'autre côté du lac. Pour voir si quelqu'un se décide.

Rien.

Elle va poser les filets pour attraper les poissons. À la surface de l'eau, tout est calme. Annie pêche souvent près des trois petites îles. Elles sont étranges. Parfois, on pourrait croire qu'elles ont changé de place, mais c'est certainement le vent, la couleur du ciel qui donnent cette impression fugace.

Les gens du village d'en bas ne veulent pas pêcher près de ces trois îles. « On se sent mal à l'aise », disent certains.

« Quelque chose, quelqu'un nous surveille », affirment d'autres.

Annie, elle, aime la présence de ces montagnes aquatiques.
Près des trois îles, elle trouve toujours beaucoup de poissons.
Il fait noir dans son cœur. Chaque jour est pareil à l'autre.
« Tout est là », souffle le vent.
« Où ça ? » demande Annie.
« Partout », murmure l'eau.
Annie en a assez. Elle remonte les filets et rame pour rentrer.
De retour à la maison, elle met les poissons à sécher pour l'hiver, comme sa mère lui a toujours dit de le faire.

La nuit vibre dans la maison silencieuse. L'air est électrique.
L'orage approche. Annie étouffe dans son réveil nocturne.
C'est une nuit de trop, pense-t-elle. Elle s'habille hâtivement.
Surtout ne pas réfléchir. Ne pas se regarder dans le miroir.
D'ailleurs, cela fait longtemps qu'elle l'a enfoui dans le coffre noir.
Elle range sa maison, à la lueur des étoiles filtrant par la fenêtre.
Elle sort.
À présent, elle est près de la rive. Elle cherche une grosse pierre.
Elle monte dans sa barque et s'approche des trois îles en ramant.
Elle dit au revoir à toutes ces petites choses qui l'entourent depuis toujours.

Et, d'un bond, elle se lance dans l'eau.
Dans la profondeur du lac, Annie ouvre les yeux. Sa descente est lente et très belle. Il y a des poissons aux couleurs étranges… Il y a même des lumières phosphorescentes dans le fond.
Annie oublie ce qu'elle est en train de faire.
Deux grands yeux la regardent fixement. Une main énorme s'approche d'elle doucement, tout doucement.
Annie s'évanouit.

passed out

Annie s'est réveillée sur un lit d'algues au bord du lac.
A-t-elle rêvé ? Non !
L'air est frais. Le soleil caresse ses deux joues.
Quelques oiseaux se chamaillent non loin.
Annie est debout sur le ponton, un large sourire éclaire son visage. Elle rayonne de joie.
À présent, elle sait pourquoi les trois îles se déplacent.

Annie est remontée chez elle, le cœur léger. Le sourire flottant. Elle se remplit encore et encore de ces images pêchées au fond du lac.
Le temps passe, son sourire ne l'a pas quittée.
À tout moment, elle jette un regard sur la surface lisse du lac.
Oui, les trois géants sont là, se rassure-t-elle.
Une nuit, elle sort écouter le printemps. Comme à son habitude, elle regarde du côté de l'eau et, à sa grande frayeur, elle découvre que les trois îles ont disparu. Même dans la nuit la plus noire, elle arrivait toujours à les distinguer.
Un bruissement se fait entendre derrière elle.
Ils sont là. Tous les trois !

Annie fait la connaissance des géants du lac.
Ils connaissent son prénom. Ils ont besoin d'elle.
« Je suis Émile, dit l'un des géants. Voici mes deux frères aînés, Tile et Basile. Une malédiction pèse sur nous, les géants. Il faut que nous nous unissions à une géante avant d'être totalement adultes. Si nous ne le faisons pas, quelque chose de terrible va nous arriver.
Les femmes géantes, comme tout le monde le sait, se trouvent dans les mers… Les hommes, eux, préfèrent le calme et la tranquillité des lacs.
Autrefois, il y avait des rivières souterraines pour rejoindre les eaux salées. Mais elles ont disparu depuis longtemps. Peux-tu nous aider à rejoindre la mer ? Notre temps est compté. La Terre a changé. »

« Bien sûr ! » s'exclame Annie.
Elle se précipite à l'intérieur de sa maison, revient avec une carte.
Le reste de la nuit sans lune, elle décide avec Émile du chemin à prendre. Les escales à faire afin de se cacher le jour.
Tile et Basile se sont endormis dans le lac depuis un bon moment.
Annie ne peut pas s'empêcher de rire.
« Se balader avec trois géants, cela ne va pas être simple ! »

Annie revérifie sa carte, son sac de voyage, et trépigne d'impatience.
C'est la première fois qu'elle part de chez elle.
La nuit s'est installée et trois ombres immenses grandissent dans son jardin à flanc de colline.
Tile, Basile et Émile marchent lentement et en silence.
Annie se sent bien, assise sur l'épaule d'Émile. Grâce à sa boussole, elle guide ses grands amis.

Première escale avant le lever du jour.
Épuisée par cette grande chevauchée, Annie s'est endormie sur le chapeau d'Émile.

Ils se sont levés dans la pénombre. Ils ont mangé des poissons.
Annie a cuit le sien… car Tile, Basile et Émile les préfèrent crus.
Ils reprennent leur marche silencieuse à travers les forêts et les montagnes.
Annie aperçoit un goéland.
« La mer ne doit plus être très loin », dit-elle.

La mer est là. À perte de vue. Les trois géants s'avancent.
D'une voix très basse, ils entonnent un chant singulier.

Deux femmes géantes émergent doucement de l'eau.
« Deux seulement ? » s'inquiète Annie.
Les géantes se présentent en gloussant. L'une d'elles confirme la crainte d'Annie. « Oui, nous ne sommes que deux. Elle, c'est Silvia et moi, c'est Hilda. »
« Il était temps que vous arriviez », disent-elles en rougissant.
Tile et Basile se laissent emmener.
Une des géantes, Hilda, se retourne et regarde Émile puis Annie avec une lueur étrange dans les yeux.
« C'est mieux ainsi », dit-elle en souriant.

Annie est contrariée: «Qu'a-t-elle voulu dire?»
Quelque chose de terrible va arriver à son ami: il n'y a pas de quoi sourire.
Émile demeure bien silencieux, les yeux perdus dans les vagues.
Puis il dit: «Retournons au lac.»
Ensemble, ils entament le chemin du retour.
Forêt, lac, forêt, montagne, nuit noire.
Leurs cœurs sont lourds d'inquiétude.

Ils sont arrivés au lac. Annie refuse de quitter son ami. Elle restera au bord du rivage. Ils se disent adieu en larmes. Annie chuchote: «Arrête Émile, tu vas faire sortir le lac de son lit…»
Épuisé, Émile s'endort dans le lac.
L'aube s'annonce rose, et fait naître quelques chants mélodieux.
Annie s'interroge: la malédiction des géants serait-elle qu'ils se transforment en montagne, en rocher, en tombeau géant?
Elle ferme enfin les yeux et tombe dans un sommeil sans fond.

Annie n'a dormi que quelques heures.
Elle s'est réveillée en sursaut. Le ciel est pur, le soleil darde ses rayons. L'île a disparu !
Quand tout à coup, elle aperçoit une barque qui s'avance avec un homme dedans. Il se lève, le sourire entre les dents. Annie croit reconnaître Émile. Pas de doute, c'est bien lui.
Émile prend Annie dans ses bras et lui dit qu'elle sera sa géante de femme pour toujours.
Émile gardera de sa géantitude une certaine force, une certaine lenteur aussi, et un reflet vert sur sa peau.

Ainsi s'achève l'histoire d'Annie. Fermons doucement ce livre et laissons Annie vivre sa belle histoire avec Émile.